Remèdes à l'amour

Ovide

Books On Demand

Remèdes à l'amour

Copyright © 2020 Ovide (domaine public)
Édition : BoD – Books on Demand, 12/14 rond-point des Champs-Élysées, 75008 Paris.
Impression : BoD - Books on Demand, Norderstedt, Allemagne.
ISBN : 9782322242887
Dépôt légal : décembre 2020
Tous droits réservés

L'Amour venait de lire le titre de cet ouvrage : "C'est la guerre, je le vois, c'est la guerre, dit-il, qu'on me déclare," O Cupidon ! ne calomnie pas le poète qui tant de fois a porté l'étendard que tu lui avais confié. Je ne suis pas ce Diomède dont la lance blessa ta mère, quand les chevaux de Mars la ramenèrent, toute sanglante, aux demeures éternelles ! Souvent l'Amour se refroidit dans plus d'un coeur ; moi, j'ai toujours aimé ; et si tu me demandes ce que je fais en ce moment, j'aime encore. Bien plus, j'ai enseigné l'art d'obtenir tes faveurs, et de régler sur la raison les impétueux élans de la passion. Non, je ne vais pas, aimable enfant, trahir mon art ; et ma Muse, oublieuse du passé, ne recommencera pas son ouvrage. Que l'amant d'une beauté qui le paie de retour jouisse de son bonheur, et livre sa voile aux vents propices ! Mais, s'il est un infortuné qui supporte mal le joug d'une indigne maîtresse, qu'il accepte, pour se sauver, le secours de mon art. Pourquoi souffrir qu'un amant se comprime le cou dans un lacet, et se pende au sommet d'une poutre élevée ? qu'un autre plonge dans ses entrailles un fer homicide ? Ami de la paix, ô Amour ! tu as le meurtre en horreur. Cet amant, s'il n'éteint sa flamme, en doit être la victime ; qu'il cesse donc d'aimer, et tu n'auras causé la mort de personne.

Tu es un enfant : les jeux sont ton unique apanage ; joue donc ; le doux empire des Jeux convient à ton âge. Tu pourrais, je le sais, descendre dans l'arène, armé de flèches acérées ; mais ces flèches ne sont jamais teintes de sang. Laisse Mars, ton beau-père, brandir le glaive et la lance, et marcher tout sanglant au milieu du carnage : toi, ne livre d'autres combats que ceux dont Vénus te donna des leçons ; combats innocents, et qui jamais n'ont ravi un fils à sa mère. Fais que, dans une querelle nocturne, une porte soit brisée, ou qu'elle soit ornée de nombreuses couronnes. Jette une ombre amie sur les secrets rendez-vous des amants et de leurs timides maîtresses ; aide à tromper un mari soupçonneux ; provoque un amant à adresser tour à tour des prières suppliantes et des imprécations à la porte inflexible de sa belle, et, s'il est repoussé, à chanter sa mésaventure sur un ton plaintif : contente-toi de faire verser des larmes, sans avoir à te reprocher la mort de personne. Ton flambeau n'est pas fait pour allumer des bûchers dévorants. Ainsi, disais-je ; et l'Amour, agitant ses ailes diaprées de pourpre et d'or : "Achève, me dit-il, ton nouvel ouvrage." Venez donc à mes leçons, amants trompés, et vous qui avez toujours échoué dans vos prétentions amoureuses, venez à moi. Déjà je vous appris l'art d'aimer ; apprenez de moi maintenant l'art de n'aimer plus. La main qui vous blessa saura vous guérir. Souvent le même sol produit des herbes salutaires et des herbes nuisibles ; près de la rose croît l'ortie, et la lance d'Achille cicatrisa la blessure qu'elle-même avait faite au fils d'Hercule. Jeunes beautés, mes préceptes, je vous en avertis, sont aussi bien pour vous que pour vos amants ; je donne des armes aux deux partis. Si, parmi ces préceptes, il en est dont l'usage ne vous soit pas nécessaire, l'exemple qu'ils vous offriront pourra néanmoins vous instruire ; éteindre une flamme cruelle, affranchir les coeurs d'une servitude honteuse, voilà le but utile que je me propose. Phyllis eût vécu, si j'eusse été son maître ; et si elle se rendit neuf fois sur le bord de la mer, elle y fût revenue plus souvent encore. Didon mourante n'eût pas vu, du haut de son palais, la flotte des Troyens mettre à la voile, et le désespoir n'eût point armé contre ses enfants une mère dénaturée, qui versait ainsi son propre sang pour se venger d'un époux parjure [1]. Bien qu'épris de Philomèle, Térée, grâce à moi, n'eût point mérité, par un crime, d'être changé en oiseauTereus... Philomela. Voyez Métam., VI.. Donnez-moi Pasiphaë pour élève, elle cessera d'aimer un taureau ; donnez-moi Phèdre, sa flamme incestueuse va s'éteindre ; confiez-moi Pâris, et Ménélas gardera son Hélène, et Troie ne tombera pas sous la main des Grecs. Si l?impie Scylla eût lu mes vers, ta tête, ô Nisus ! eût conservé son fatal cheveu de pourpre. Mortels, étouffez de funestes amours ; suivez mes conseils, et votre barque et ses passagers vogueront en sécurité vers le port. Lorsque vous apprîtes à aimer, vous avez dû lire Ovide ; c'est encore Ovide qu'il vous faut lire aujourd'hui, Dans chaque amant malheureux, je vois un client à affranchir de ses fers Pubicus assertor. Ovide désigne, par ces mots, le préteur qui donnait la liberté aux esclaves, en les frappant de sa baguette appelée vindicta. ; secondez donc les efforts de celui qui veut être votre vengeur.

Je t'invoque, divin Phébus, toi l'inventeur de la poésie et de la médecine ; sois-moi propice ; poète et médecin à la fois, je réclame ton secours ; n'es-tu pas le dieu tutélaire de ces deux arts ? Quand vos chaînes ne sont pas encore bien pesantes, si vous vous repentez d'aimer, arrêtez-vous dès les premiers pas ; étouffez dans son germe ce mal naissant, et que, dès l'entrée de la carrière, votre coursier rétif refuse d'aller plus avant. Tout s'accroît par le temps ; le temps mûrit les raisins ; il change l?herbe tendre en fertiles épis. Cet arbre, dont les rameaux répandent sur les promeneurs un vaste ombrage, ne fut, lorsqu'on le planta, qu'un chétif rejeton. Alors on pouvait facilement l'arracher ; maintenant qu'il est dans toute sa force, il repose, inébranlable, sur ses puissantes racines. Hâtez-vous d'interroger votre coeur ; demandez-vous quel est l'objet de votre amour, et secouez le joug qui doit un jour vous blesser. Combattez le mal dès son principe ; le remède vient, trop tard lorsque ce mal s'est fortifié par de longs délais. Hâtez-vous donc, et ne différez pas d'heure en heure votre guérison. Si vous n'êtes pas prêts aujourd'hui, demain vous le serez moins encore. L'Amour est fertile en prétextes ; il trouve un aliment

[1]Matrem. Médée, pour se venger de l'infidélité de Jason, tua les deux enfants qu'elle avait eus de lui, et s'enfuit ensuite à travers !es airs, dans un char traîné par des dragons ailés.

dans le retard. Le jour le plus proche est donc le plus convenable pour procéder à sa destruction. Vous voyez peu de fleuves larges dès leur source ; la plupart se grossissent par le tribut des ruisseaux qui viennent s'y perdre. Si tu avais réfléchi plus tôt au crime monstrueux que tu allais commettre, ton visage, ô Myrrha ! ne cacherait point sous l'écorce la honte qui le couvre [2]. J'ai vu des plaies, d'abord faciles à guérir, devenir incurables, par suite d'une négligence obstinée. Mais on aime à cueillir les fleurs que Vénus a semées pour nous, et l'on se dit chaque jour : "Il sera temps demain." Cependant une flamme sourde circule dans vos veines, et l'arbre nuisible jette de profondes racines. Si cependant le moment d'appliquer le remède est passé, si l'amour a vieilli dans le coeur dont il s'est emparé, d'immenses difficultés viennent entraver la guérison. Mais, parce qu'on m'appelle trop tard auprès du malade, ce n'est pas un motif pour que je l'abandonne ? Le héros, fils de Péan, n'aurait pas dû hésiter un instant de couper la partie où il venait d'être blessé Paeantius heros désigne Philoctète, fils de Paean et compagnon d'Hercule, qui lui avait légué ses flèches trempées dans le sang de l'hydre de Lernes. Il en laissa tomber une sur son pied ; et lorsque les Grecs allèrent au siège de Troie, ne pouvant supporter l'infection qu'exhalait la blessure de Philoctète, ils abandonnèrent celui-ci dans l'île de Lemnos. Voyez Sophocle, tragédie de Philoctète.. Toutefois, dit-on, il n'en fut pas moins guéri plusieurs années après, et il accéléra la chute de Troie.

Je vous conseillais tout à l'heure d'attaquer le mal à sa naissance ; maintenant je vous offre des secours lents et tardifs ; tâchez, si vous le pouvez, d'éteindre l'incendie dès qu'il se développe, ou dès qu'il s'affaiblit de lui-même par sa propre violence. Quand un homme laisse s'exhaler sa fureur, cédez à son emportement : il serait difficile d'en arrêter la fougue impétueuse.

Insensé le nageur qui, pouvant descendre le fleuve obliquement, s'efforce de lutter contre le courant. Impatient et rebelle encore à l'influence de l'art, l'esprit prend en haine un conseiller inopportun. Il devient plus souple lorsque déjà il laisse toucher ses blessures, et qu'il se montre disposé à entendre raison. Quel est l'homme, s'il n'a perdu le sens, qui voudra empêcher une mère de pleurer aux funérailles de son fils ? Ce n'est pas le moment de lui faire la leçon ; quand elle aura versé des larmes et soulagé son coeur affligé, modérez alors, par des paroles consolantes, l'excès de sa douleur. Bien prendre son temps, voilà presque tout le secret de la médecine ; le vin, donné à propos, est salutaire ; donné à contre-temps, il devient dangereux. Ainsi, vous ne ferez qu'irriter un défaut et l'enflammer davantage si vous ne le combattez pas en temps utile.

[2] Myrrha était fille de Cynire. Elle eut un commerce incestueux avec son père qui, ayant reconnu son crime, voulut la tuer ; mais elle fut changée en un arbrisseau d'où coule la myrrhe.

Aussitôt que vous vous sentirez capable de mettre à profit les secours de mon art, commencez par fuir l?oisiveté ; l'oisiveté fait naître l'amour, et le nourrit une fois qu'il est né ; elle est à la fois la cause et l'aliment de ce mal si doux ; sans l'oisiveté, l'arc de Cupidon se brise, son flambeau s'éteint et n'est plus digne que de mépris. Autant le platane aime les pampres de Bacchus, le peuplier la fraîcheur des ruisseaux, et le roseau marécageux une terre limoneuse, autant Vénus aime l'oisiveté. Voulez-vous voir la fin de votre amour, occupez-vous ; l'amour fuit le travail ; travaillez donc, et vous serez sauvé. La paresse, le sommeil prolongé outre mesure, et que personne n'a le droit d'interrompre ; le jeu, de longues heures passées à boire ôtent à l'âme, sans toutefois la blesser, toute son énergie. C'est alors que, la trouvant sans défense, l'Amour s'y introduira par surprise. Ainsi de la paresse ; l'Amour hait l?activité ; si donc votre esprit est vide, donnez-lui quelque travail qui le tienne occupé. Vous avez pour cela le barreau, des lois à discuter, des amis à défendre ; mêlez-vous aux candidats qui briguent les dignités urbaines [3] ; ou, jeune volontaire, allez cueillir les lauriers sanglants de Mars ; bientôt alors la volupté vous affranchira de ses liens. Voici le Parthe fugitif qui vous offre l'occasion d'un triomphe éclatant ; déjà, aux portes de son camp, flottent les étendards de César Ecce fugax Parthum, magni nova causa triumphi. Allusion a la guerre contre les Parthes, dont Auguste avait confié la conduite au jeune Caïus, fils d'Agrippa.. Triomphez à la fois et des flèches de l'Amour et de celles du Parthe, et rapportez ce double trophée aux dieux de la patrie. Aussitôt que Vénus fut blessée par la lance du roi d'Étolie, elle laissa le soin de la guerre à son amant. Vous demandez pourquoi Égisthe devint adultère ? la cause en est facile à deviner : il n'avait rien à faire ; les autres princes soutenaient une lutte interminable sous les murs de Troie ; c'est là que la Grèce avait transporté toutes ses forces. En vain Égisthe eût songé à combattre, il n'en avait pas l'occasion ; à plaider, il n'y avait point de procès à Argos. Ce qu'il put faire, il le fit ; pour n'être pas désoeuvré, il aima. C'est ainsi que l'amour entre dans nos coeurs ; c'est ainsi qu'il s'y maintient. La campagne, les soins de la culture sont aussi, pour le coeur, la source d'agréables distractions ; il n'est pas de soucis dont elles ne triomphent. Domptez le taureau, forcez-le à courber sa tête sous le joug ; fendez le sol endurci, à l'aide du soc tranchant de la charrue ; confiez aux sillons la semence des richesses de Cérès, que votre champ fécondé va vous rendre avec usure. Voyez ces branches courbées sous le poids des fruits ; c'est à peine si l'arbre peut porter les trésors qu'il a produits. Voyez ces ruisseaux qui coulent avec un joyeux murmure ; voyez ces brebis qui tondent un épais gazon ; là les chèvres grimpent sur les montagnes et les rochers escarpés, et bientôt elles rapporteront à leurs jeunes chevreaux des mamelles gonflées de lait. Ici le

---

[3]Vade per urbanae candida castra togae. Ovide désigne par-là les assemblées des citoyens pour l'élection des magistrats : on sait que ceux qui aspiraient aux honneurs civils étaient appelés candidats, à cause de la robe blanche, candida toga, dont ils étaient revêtus.

berger module un air sur sa flûte aux tuyaux inégaux, et, près de lui, compagnons fidèles, se tiennent ses chiens vigilants. Plus loin, les forêts profondes retentissent de longs mugissements : c'est la génisse qui appelle son nourrisson égaré. Que dirai-je des abeilles, que met en fuite la fumée de l'if, pour qu'on puisse ensuite enlever les rayons de miel des ruches courbées sous son poids ? L'automne vous donne ses fruits, l'été s'embellit de ses moissons, le printemps fait épanouir ses fleurs, l?hiver s'adoucit au coin du feu. Chaque année, à la même époque, le vigneron cueille le raisin mûr, et fait jaillir sous ses pieds le vin nouveau ; chaque année, à la même époque, l?herbe fauchée est rassemblée en gerbe par les mains du faneur ; et sur la prairie nue se promènent les râteaux aux larges dents. Vous pouvez vous-même ensemencer votre humide potager, et y conduire les eaux paisibles de quelque ruisseau. Quand le temps de la greffe est venu, entez sur la branche une branche adoptive, et que l'arbre se couvre d'un feuillage qui n'était pas le sien. Lorsqu'une fois vous prenez goût à ces plaisirs, l'Amour, aux abois, s'enfuit d'un vol débile. Livrez-vous aussi à l'exercice de la chasse ; souvent, vaincue par la soeur d'Apollon, Vénus fut contrainte de lui céder la place.

Tantôt lancez à la poursuite du lièvre rapide votre chien à l'odorat subtil, tantôt dressez vos filets sur les coteaux boisés ; inventez mille ruses contre le cerf timide, et que le sanglier tombe percé des coups de votre épieu. Après les fatigues du jour, la nuit, vous ne songerez guère aux belles, et goûterez un sommeil profond, nécessaire à vos membres harassés. Il est une occupation plus paisible, mais non moins attachante, c'est celle de prendre des oiseaux, gibier de peu de valeur, soit aux filets soit à la glu. C'est celle encore qui consiste à tendre un hameçon recourbé, caché sous l'appât trompeur, au poisson vorace qui l'avale avec avidité. Que ces moyens, et d'autres semblables, servent donc à tromper furtivement la passion qui vous ronge, jusqu'à ce qu'enfin vous en soyez complètement guéri.

Surtout, fuyez au loin : quels que soient les liens qui vous retiennent, fuyez ; entreprenez des voyages de longue durée. La seule pensée de quitter votre amie vous fera verser des larmes, et souvent vos pas s'arrêteront au milieu du chemin ; mais plus votre coeur sera rebelle, plus votre volonté doit être ferme persistez. Si vos jambes refusaient d'avancer, forcez-les à courir. Ne craignez ni la pluie, ni la fête du Sabbat, que célèbre un peuple étranger, ni le fatal anniversaire de la journée d'Allia [4] ; ne demandez pas combien vous avez parcouru de milles, mais combien il vous en reste encore. Ne cherchez aucun prétexte pour vous arrêter plus longtemps dans un voisinage dangereux ; ne comptez point les heures ; ne

---

[4]Allia. C'est le nom d'un fleuve d'Italie, qui se jette dans le Tibre, non loin de Rome et sur les bords duquel les Gaulois, sous la conduite de Brennus, taillèrent en pièces l'armée romaine. De là alliensis dies pour exprimer un jour malheureux.

tournez pas sans cesse vos regards du côté de Rome ; mais fuyez. C'est encore ainsi que le Parthe échappe aux atteintes de ses ennemis Mes préceptes, dira-t-on, sont durs ; j'en conviens, mais que ne souffre-t-on pas pour recouvrer la santé ? Malade, j'ai souvent, malgré le dégoût qu'elles m'inspiraient, pris des potions amères, et souvent l ?on m'a refusé les aliments que j'implorais. Ainsi, pour guérir votre corps, vous souffrirez le fer et le feu ; vous n'oserez pas rafraîchir, avec un peu d'eau, votre bouche altérée ; et pour guérir votre âme, vous ne voudrez rien endurer ? Combien cependant cette partie de vous-même est-elle plus précieuse que le corps ! Dans l'art que j'enseigne, le début est toujours ce qui coûte le plus. Voyez comme le joug meurtrit le front des jeunes taureaux qui le sentent pour la première fois ; et comme les premières épreuves du harnais blessent le coursier agile. Peut-être, aurez-vous de la peine à quitter le foyer de vos pères : vous le quitterez cependant ; mais bientôt vous voudrez le revoir. Ce ne sont point vos dieux domestiques, c'est l'Amour qui vous rappelle, l ?Amour déguisant sa faiblesse sous des paroles pompeuses. - Une fois parti, vous trouverez mille distractions ; la campagne, vos compagnons de voyage, une route longue et variée, ne manqueront pas de vous en fournir ; mais ne pensez pas qu'il suffise de vous éloigner : prolongez votre absence, jusqu'à ce que votre amour ait perdu toutes ses forces, et que le feu ne couve plus sous la cendre. Si vous hâtez votre retour, avant une entière guérison, l'Amour rebelle tournera de nouveau ses armes contre vous. Quel fruit retirerez-vous de votre absence ? Vous reviendrez plus ardent, plus passionné, et votre éloignement n'aura fait qu ?aggraver votre mal. Laissez à d'autres croire que les herbes nuisibles de l'Hémonie Haemoniae... terrae. La Thessalie, célèbre par ses plantes vénéneuses. et l ?art des magiciens sont une sauvegarde contre l'Amour : la ressource des sortilèges est bien usée Ma Muse, dans ses vers religieux, ne vous offrira que des secours innocents. Vous ne me verrez point évoquer les ombres des tombeaux, ni sommer une vieille sorcière de forcer, par des formules infâmes, la terre à s'entr'ouvrir, à transplanter les moissons d'un champ dans un autre, à faire pâlir tout à coup le disque du soleil. Mais le Tibre, comme de coutume, poursuivra son cours vers la mer, et le char de la lune, traîné par ses chevaux blancs, suivra sa carrière habituelle. Non, ce n'est point par des sortilèges que je chasserai de votre coeur les soucis qui le rongent. Pour mettre l'Amour en fuite, l'odeur du soufre embrasé est impuissant Vivo sulfure victus amor - Allusion aux cérémonies religieuses dans lesquelles, pour purifier les amants, on employait une torche enflammée, du soufre et des oeufs..

Princesse de Colchos, à quoi t'ont servi les plantes du Phase, quand tu voulais rester dans le palais de tes pères [5] ? Et toi, Circé, quels secours as-tu tiré de celles

[5] Phasiacae... terrae. Colchos, patrie de Médée, où coulait le Phase. Le poète apostrophe Médée, en lui appliquant le nom de son pays, Colchide.

dont Persée t'enseigna l'usage, lorsque les vaisseaux d'Ulysse Neritias. Épithète donnée au vaisseau d'Ulysse, de Nérite, montagne de l'île d'Ithaque., poussés par un vent favorable, voguaient vers Ithaque ? Tu as mis tout en oeuvre pour empêcher le départ de ton hôte astucieux ; et pourtant, il n'en poursuivit pas moins, à pleines voiles, une fuite assurée. Tu as mis tout en oeuvre pour éteindre le feu qui te dévorait ; mais dans cette âme, qui voulait le bannir, l'Amour régna longtemps encore. Toi, qui pourrais faire subir à l?homme mille métamorphoses, tu n'as pu changer les lois du coeur. On dit qu'au moment où Ulysse allait partirDulichium. Surnom d'Ulysse, de Dulichium, l'une des îles Echniades dont Ulysse était roi., tu voulus l'arrêter encore quelque temps par ces paroles : "Je ne te demande plus aujourd'hui que tu sois mon époux, douce espérance qu'autrefois, s'il m'en souvient, je me plaisais à nourrir. Déesse, et fille du puissant dieu du jour, j'aurais pu ne pas me croire indigne de cet hyménée. Diffère ton départ, je t'en supplie ! Accorde-moi quelques jours ; c'est la seule grâce que j'implore. Puis-je, hélas ! te demander moins ! Vois comme la mer est agitée ; ne crains-tu pas sa colère ? Plus tard les vents te seront plus favorables. Mais pourquoi fuir enfin ? Troie ne renaît point de ses cendres : un nouveau RhésusRhaesus. Roi de Thrace, tué par Ulysse et par Diomède, tandis qu'il venait au secours de Troie. n'appelle point au combat ses valeureux compagnons : ici règnent l'Amour et la Paix (seule je n'en jouis pas, et ma blessure en est la cause) ; cette île entière reconnaîtra ton empire." Elle parlait encore, lorsqu'Ulysse leva l'ancre, et les vents emportèrent à la fois son vaisseau et les plaintes inutiles de la déesse. Furieuse, Circé a recours à ses artifices ordinaires ; mais ils ne peuvent rien contre la violence de son amour. Vous donc qui réclamez les secours de mon art, n'ayez aucune confiance dans les enchantements et les sortilèges. Si quelque puissant motif vous force de rester à Rome, apprenez de moi la conduite que vous devez y tenir. Honneur à celui qui revendique sa liberté, brise ses fers, et qui le même jour perd jusqu'au sentiment de son esclavage ! S'il est quelqu'un doué d'un tel courage, je serai le premier à l'admirer, et je dirai : "Il peut se passer de mes conseils." Mais vous, qui êtes moins habiles à vous détacher d'un objet aimé, qui voulez être libres et n'en avez pas le pouvoir, c'est vous que je dois instruire. Rappelez-vous souvent les perfidies de votre maîtresse, et ayez toujours devant les yeux toutes les pertes qu'elle vous a fait éprouver. Dites-vous : "Elle m'a pris telle ou telle chose, et, non contente de m'en dépouiller, elle m'a forcé, par son avarice, à vendre, à l'encan, la maison de mes pères Sub titulum... misit. "Vendre à l'encan". Titulus était une affiche, un écriteau qui indiquait qu'une propriété était à vendre. (Voyez Tibul., II, élég.IV, v.53.). Autant elle m'a fait de serments, autant elle en a violé. Que de fois elle m'a laissé coucher devant sa porte ! Elle en aime tant d'autres ! Moi seul je suis en butte à ses dédains ! Et ces nuits d'amour qu'elle me refuse, hélas ! c'est à quelque courtier qu'elle les accorde !" Que tous ces souvenirs vous aigrissent ; qu'ils soient toujours présents à votre esprit, et deviennent contre elle un germe de haine. Plût au ciel que vous puissiez trouver quelqu'éloquence à les lui reprocher ! Plaignez-vous seulement, et vous serez éloquent sans chercher à l'être. Naguère, une jeune beauté fixa mon attention ; son caractère ne sympathisait point avec le mien. Nouveau PodalirePodalirius. Fils d'Esculape, et médecin célèbre., j'essayai de me guérir avec mes propres remèdes, et, (je l'avoue, à ma honte,) le médecin avait grand besoin de son art. Je m'appesantis, et je m'en trouvai bien, sur les défauts de ma maîtresse ; et cette épreuve, fréquemment répétée, eut pour mon coeur de salutaires résultats. "Que cette fille, disais-je, a la jambe mal tournée !" et je proteste qu'il n'en était rien. "Qu'elle est loin d'avoir de beaux bras ! " la vérité est qu'ils étaient charmants. "Qu'elle est petite ! " elle ne l'était point. "qu'elle est exigeante ! " ce fut là le principal motif de mon dégoût. Le mal est si voisin du bien, que souvent on les confond, et qu'on n'est pas plus indulgent pour une qualité que pour un défaut, Autant que vous le pourrez, dépréciez les qualités de votre maîtresse ; et que l'étroite limite qui sépare le bien du mal trompe votre jugement. A-t-elle de l'embonpoint, dites qu'elle est bouffie. Est-elle brune ? dites qu'elle est noire. Vous pouvez à la taille svelte reprocher de la maigreur ; appelez effronterie la vivacité de ses manières, et pruderie sa retenue. Faites plus : s'il est quelque talent qui lui manque, employez les prières les plus persuasives pour qu'elle vous en donne la preuve. Exigez qu'elle chante, si elle n'a pas de voix ; qu'elle danse, si ses mouvements sont dépourvus de grâce. Sa conversation est commune, prolongez-la autant que vous pourrez. Elle n'a jamais appris à toucher les cordes d'un instrument, priez-la de jouer de la lyre. Son allure est pesante, faites-la promener ; sa gorge volumineuse et d'une seule pièce, ne lui souffrez aucun voile. Sa bouche est mal meublée, racontez-lui quelqu'histoire qui la fasse rire. A-t-elle les yeux faibles, que vos récits les fassent pleurer. Il est bon aussi de venir chez elle le matin, à l'improviste, et de la surprendre avant qu'elle n'ait eu le temps de préparer sa toilette. La parure nous séduit : l'or et les pierreries cachent les imperfections ; et la femme alors est la moindre partie de l'ensemble qu'elle représente. Au milieu de tant d'accessoires, vous cherchez en vain les appas qui doivent vous charmer. La toilette est comme une égide que l?Amour jette devant nos yeux pour les éblouir. Paraissez tout à coup : elle n'est pas encore sous les armes ; et l'infortunée, surprise, sera trahie par ses défauts. Ne vous fiez pas trop cependant à ce précepte : une beauté négligée et sans art séduit bien des amants ! Vous pouvez aussi, la décence le permet, visiter votre maîtresse lorsqu'elle prépare ses cosmétiques, et qu'elle se farde le visage. Vous verrez alors ses boîtes de pommade aux mille couleurs, et son sein inondé des flots huileux de l?aesipe. A l'odeur de telles drogues, ô PhinéePhinen. Phinée, roi de Thrace, que les dieux privèrent de la vue, parce qu'il avait fait crever les yeux à son fils. Les Harpies, monstres moitié femmes et moitié oiseaux, infectaient, ventris profluvio, tous les mets servis sur sa table, et les dévoraient ensuite. Voyez Virgile, Enéide, III,

v. 214. on se croirait à tes banquets ! Aussi, que de fois elles m'ont soulevé le coeur ! Je vais maintenant vous apprendre quelles forces vous pouvez puiser contre votre flamme, dans la jouissance même. Pour chasser l?Amour, tous les moyens sont bons. J'aurais honte d'entrer ici dans certains détails ; mais votre imagination suppléera à mon silence. Dernièrement, certaines gens ont censuré mes écrits ; ils traitent ma Muse de dévergondée. Si mes chants ont le talent de plaire, s'ils sont célébrés dans l'univers entier, les attaque qui voudra. L'envie n'épargna point le sublime génie d'Homère. Qui que tu sois, Zoïle Quisquis es. Ovide se sert de ce mot parce qu'on ne connaît ce Zoïle que parce qu'il composa des libelles contre Homère, et qu'il les récitaà Ptolémée d'Alexandrie. Ce prince, indigné d'une présomption si audacieuse et si mal justifiée, garda vis-à-vis du pamphlétaire le silence du mépris. Selon Vitruve (de Architect. VII), Zoïle serait né à Amphipolis, en Thrace, Poussé par la misère, il vint trouver Ptolémée, dans l'espoir d'en obtenir quelque chose ; mais Ptolémée lui répondit que, puisqu'il se disait plus habile qu'Homère, il devait non seulement se faire vivre lui-même, mais beaucoup d'autres encore ; car Homère, qui était mort depuis plus de mille ans, avait fait vivre par ses ouvrages des milliers de générations. Accusé ensuite de parricide, il fut crucifiés et on lui appliqua le sobriquet d'Homeromatix, ou de fléau d'Homère., ton nom est encore celui de l?envie. Des langues sacrilèges ont déchiré tes poèmesQuo duce. Allusion à une satire de Carvilius Picto contre l'Énéide, intitulée Enéidomatix : quo duce s'applique à Virgile, qui a chanté l'arrivée d'Énée en Italie., ô toi, dont la Muse a conduit sur nos bords les dieux vaincus de Troie ! Les grands talents sont en butte à l'envie, comme les cieux élevés à la fureur des vents ; comme les plus hautes montagnes aux foudres lancés par Jupiter. Mais toi, censeur inconnu, que blesse la licence de mes écrits, apprends du moins, si tu es doué de sens, à estimer chaque chose à sa juste valeur. La poésie qui célèbre les combats suit le rythme adopté par le chantre de Méonie Maeonio pede. Dans le rythme dHomère, l'alexandrin ou vers héroïque. ; mais quelle place y peuvent trouver les chants de la volupté ? La tragédie élève la voix, et le cothurne tragique convient aux fureurs de Melpomène ; le brodequin plus modeste parle le langage ordinaireCothurnos. Chaussure élevée dont ou se servait pour jouer la tragédie, comme on se servait du soccus, chaussure plus basse, dans la comédie. Lusibus e mediis, la vie ordinaire et le langage qu'on y parle ; celui qui convient à la comédie.. L'iambe, libre dans son allure, tantôt rapide, tantôt traînant le dernier pied, est un glaive dont on blesse légèrement ses détracteurs. La douce élégie chante les amours armés d'un carquois : comme une maîtresse folâtre, elle s'abandonne librement à ses instincts capricieux. Le vers de Callimaque ne peut célébrer Achille ; et ta voix, divin Homère, n'est pas faite pour chanter CydippeCydippe. Callimaque écrivit un poème de ce nom, dont il ne nous reste que quelques fragments transmis par les grammairiens. Voyez aussi Héroïde XX. ! Qui souffrirait Thaïs jouant le rôle d'Andromaque ? et Andromaque, le rôle de ThaïsAndromaches... Thaida. Andromaque, épouse d'Hector, ne pourrait parler le langage de Thaïs, courtisane d'une des comédies de Térence. ? Ce travestissement serait absurde : Mais Thaïs est à sa place dans l'art que j'enseigne : là aussi mon humeur badine s'épanche sans réserve ; ma Muse ne ceint pas le bandeau des vestales ; Thaïs est ma seule héroïne. Si mes vers ne sont point au-dessous de la gaieté du sujet, ma cause est gagnée, et mes accusateurs perdent la leur.

Crève de dépit, mordante Envie, déjà mon nom a quelqu'éclat ; il en aura plus encore, si la fin de ma carrière est digne de son origine. Mais tu te hâtes trop : que je vive seulement, et tu auras bien des sujets de plaintes ; car mon esprit a déjà conçu une foule de nouveaux vers. La gloire est chère à mon coeur, et cet amour de la gloire aiguillonne de plus en plus mon zèle. Le coursier du poète ne respire avec peine qu'à ses premiers efforts pour gravir la double colline. L'élégie avoue qu'elle ne m'est pas moins redevable que la noble épopée à Virgile.

Je viens de répondre à l'Envie. Maintenant, poète, serre plus vigoureusement les rênes de ton coursier, et poursuis la carrière dans les limites que tu t'es assignées. Lorsque l'heure du plaisir, cette heure si douce à la jeunesse, sera prête à sonner pour vous, et que la nuit tant désirée approchera, il se peut que les transports de votre maîtresse, étreinte dans vos bras avec toute la puissance de vos forces, ne vous captivent ; je veux qu'auparavant vous cherchiez, vous trouviez une autre femme, sur laquelle vous ayez cueilli les prémices de la volupté. La sensation répétée du plaisir l'émousse ; mais, au contraire, le plaisir différé n'en a que plus de prix. Quand il fait froid, nous aimons le soleil, et, à son tour, la chaleur de cet astre nous fait désirer l'ombre. L'eau semble du nectar à la bouche altérée. Je rougis de le dire, je le dirai pourtant ; prenez dans vos ébats amoureux la posture que vous savez être la moins favorable à votre maîtresse. Rien n'est plus facile ; peu de femmes osent s'avouer la vérité, et elles se croient belles sous tous les aspects. J'exige aussi que vous ouvriez ses fenêtres, afin d'observer au grand jour toute la laideur de ses imperfections. Mais, lorsque vous avez atteint le terme de la volupté, et que votre âme et vos membres s'abattent de lassitude ; quand naît le dégoût ; quand vous voudriez n'avoir jamais touché une femme, et qu'il vous semble avoir perdu longtemps l'envie d'y revenir, choisissez ce moment pour faire l'examen de tous ses défauts, et ne cessez pas d'y attacher vos regards. Peut-être me dira-t-on, ce sont là de pauvres ressources : elles le sont, j'en conviens ; mais si, isolées, elles sont impuissantes, réunies, elles seront efficaces. La vipère est petite, et sa morsure tue un énorme taureau ; souvent un chien de taille médiocre tient le sanglier en respect. Seulement, pendant l'action, profitez de mes avis en masse ; faites-en comme un faisceau, et leur nombre imposant vous assurera la victoire. Mais, comme il existe autant de caractères que de figures différentes, il ne faut pas en tout régler votre conduite d'après mes décisions. Telle action selon vous est innocente, et pourtant, selon d'autres, elle sera blâmable. L'un, pour avoir vu toutes nues certaines parties obscènes, sentit son amour s'arrêter tout à coup au milieu de sa course ; l'autre éprouva la même répugnance parce qu'au moment où sa maîtresse quittait le lit, théâtre de leurs jouissances, il en aperçut les traces immondes. L'amour qui s'est ému de si peu de chose n'était qu'un jeu, et sa flamme n'était qu'une étincelle. Mais que le fils de Vénus tende plus fortement les cordes de son arc, et ceux qu'il aura blessés viendront réclamer de plus puissants remèdes. Que dirai-je de l'amant qui se cache pour épier sa maîtresse au moment où elle paye le tribut à de sales nécessités, et voit ce que la décence la plus vulgaire nous interdit de voir ? A Dieu ne plaise que je donne jamais à personne de semblables conseils ! Fussent-ils vraiment utiles, il ne faudrait pas les mettre en usage.

Je vous conseille aussi d'avoir en même temps deux maîtresses, et si vous en avez plus, votre coeur n'en sera que plus ferme ; le coeur, volant ainsi d'une belle à une autre, ces deux amours s'affaiblissent réciproquement. Les plus grands fleuves s'amoindrissent quand leurs eaux sont divisées en plusieurs ruisseaux ; la flamme s'éteint faute du bois qui lui servait d'aliment ; une seule ancre ne suffit pas pour arrêter plusieurs vaisseaux ; et, quand on pêche à la ligne, il faut y attacher plus d'un hameçon ; l?amant qui, de longue main, s'est ménagé une double consolation a, dès ce moment, remporté une victoire éclatante. Mais vous qui vous êtes imprudemment donné à une seule maîtresse, maintenant du moins, trouvez un nouvel amour. Minos, infidèle à ses premiers feux, sacrifia Pasiphaé à Procris, et la première, épouse vaincue, céda la place à la seconde [6]. Le frère d'Amphiloque, dès qu'il eut admis Callirhoé à partager sa couche, cessa d'aimer la fille de Phégée Amphilochi... Phegida. Allusion à l'histoire d'Alcmaeon, frère d'Amphiloque et fils d'Amphiaraüs et d'Éryphile. Callirhoë fut la femme de cet Alcmaeon, qui tua sa mère Eryphile. Voyez, sur cette histoire un peu confuse, Properce et Pausanias, Histoires, VII.. Oenone eût pour toujours enchaîné Pâris, si elle n'eût été supplantée par l'illustre concubine lacédémonienne Et Parin Oenone. Voyez Héroïde V - L'Aebalie était le même pays que la Laconie : elle fut ainsi nommée d'Aebalus, un de ses premiers rois.. La beauté de Progné eût toujours captivé le coeur du tyran de Thrace, si Philomèle, qu'il tenait prisonnière, n'eût été plus belle que sa soeur Conjugis Odrysio. Allusion à Térée, qui régnait dans cette partie de la Thrace qu'on appelait l'Odrysie, du nom d'Odrysa, la capitale. Voyez Métam. VI. Sororis désigne Philomèle.. Mais pourquoi m'attacher à des exemples dont la trop longue énumération me fatigue ? Toujours un nouvel amour triomphe de celui qui l'a précédé.

[6] Ab Idaea. Épithète donnée à Procris, parce qu'elle se réfugia, disent quelques écrivains, en Crète, où était le mont Ida, près de Minos, et qu'elle épousa celui-ci, après l'avoir guéri d'un ulcère.

Une mère qui a plusieurs enfants supporte plus facilement la perte de l'un d'eux que celle qui s'écrie, au milieu des sanglots : "Je n'avais que toi seul !" Et n'allez pas croire que je veuille ici vous prescrire de nouvelles lois ; plût aux dieux que je pusse réclamer la gloire de cette invention ! Le fils d'Atrée la connut avant moi, lui dont la vaste puissance s'étendait sur la Grèce entière. Il aimait sa captive Chryséis, qu'il avait obtenue pour prix de sa valeur ; mais le père de la jeune fille faisait retentir le camp de ses plaintes douloureuses. Vieillard importun, pourquoi ces larmes ? Les deux amants se conviennent ; insensé ! ta tendresse te conseille mal ; elle nuit à ta fille. Mais Calchas, protégé par le bras d'Achille, ordonna la restitution de la jeune esclave à son père, et Chryséis rentra sous le toit paternel : "Il est, dit alors Agamemnon, une autre beauté presque égale à Chryséis, et dont le nom, si l'on en retranche la première syllabe, est le même. Qu'Achille, s'il est bien inspiré, me la cède ; autrement, il saura quel est mon pouvoir. Si quelqu'un de vous, ô Grecs ! ose me condamner, il apprendra ce qu'est un sceptre dans des mains vigoureuses ; car, si je suis votre roi, et que Briséis ne partage pas ma couche, que Thersite alorsThersites. C'était le plus laid, le plus bavard et le plus lâche des Grecs au siège de Troie. Voyez Iliad., II., j'y consens, vienne régner à ma place." Il dit, et Briséis lui fut donnée pour le consoler de son veuvage ; et cette nouvelle conquête lui fit oublier la première. Imitez Agamemnon, ouvrez comme lui votre coeur à de nouveaux amours, et adressez simultanément vos hommages à deux maîtresses. Mais où les trouver ? direz-vous. Relisez mes préceptes, et voguez ensuite. Bientôt des essaims de beautés viendront en foule peupler votre nacelle. Si vous accordez quelque valeur à mon art, si Apollon, par ma voix, donne aux mortels des leçons utiles, votre coeur brûlât-il d'un feu plus ardent que celui de l'Etna, faites que vous paraissiez, aux yeux de votre maîtresse, plus froid que la glace. Feignez d'être guéri, de peur que, si par hasard vous souffrez tant soit peu, elle ne s'en aperçoive et riez quand vous avez plutôt envie de pleurer. Je ne vous ordonne point de passer subitement d'un état passionné à l'indifférence ; je ne vous impose pas des lois si rigoureuses. Dissimulez, parez-vous des dehors d'une parfaite tranquillité ; et ce calme, fictif d'abord, deviendra réel. Souvent, pour me dispenser de boire, j'ai fait semblant de dormir, et bientôt j'ai dormi en effet. Je ris beaucoup de cet homme qui contrefait l'amant passionné, et qui, maladroit oiseleur, finit par se prendre à ses propres filets. L'amour naît par l'habitude ; c'est l'habitude aussi qui le tue ; ayez la force de vous croire guéri, et vous guérirez infailliblement. Votre maîtresse vous donne un rendez-vous nocturne, allez-y ; vous trouvez en arrivant la porte fermée, patientez ; n'ayez recours ni aux prières ni aux menaces, et ne vous couchez point stoïquement sur le seuil. Le lendemain, n'ayez pas un reproche à la bouche, pas un signe de douleur sur le visage. Son orgueil humilié soutiendra mal vos froideurs ; et c'est encore à mon art que vous devrez ce nouveau service. Cherchez, toutefois, à vous faire illusion, jusqu'à ce que vous cessiez entièrement d'être épris. Souvent le coursier repousse le frein qu'on lui présente. Cachez-vous à vous-même l'utilité de vos desseins, et, en agissant, n'écoutez pas le désaveu de votre coeur. L'oiseau évite les filets quand ils sont trop visibles ; pour que votre maîtresse compte moins sur son pouvoir, et qu'elle n'ait pas le droit de vous mépriser, luttez avec elle de fierté, et que son orgueil plie devant le vôtre ; sa porte est-elle ouverte, comme par hasard, et entendez-vous sa voix qui vous rappelle ? passez outre ; vous fixe-t-elle une nuit ? "Je doute, direz-vous, de mon exactitude." Avec de la persévérance, vous pourrez subir de tels sacrifices ; et d'ailleurs, il vous est permis de chercher des compensations dans les bras d'une beauté facile.

Qui peut m'accuser d'être un conseiller trop sévère, lorsque mon rôle est de mettre d'accord le plaisir et la raison ? Les esprits sont divers, mes préceptes le sont aussi ; à mille sortes de maladies opposons mille sortes de remèdes ; il est des maux que guérit à peine le tranchant du fer, et d'autres qui cèdent au suc bienfaisant des herbes. Vous êtes trop faible pour prendre sur vous de vous éloigner, et, pour rompre vos chaînes ; le cruel Amour vous tient le pied sur la gorge ; cessez une lutte inégale, laissez les vents ramener votre barque, et secondez de la rame le courant qui vous entraîne. Il faut étancher cette soif qui vous suffoque et vous dévore, j'y consens ; puisez dans le fleuve à pleine coupe, et buvez outre mesure, et jusqu'à rendre l'eau que vous aurez avalée. Jouissez sans obstacle, jouissez sans interruption de votre belle ; consacrez à la servir vos nuits et vos jours. Cherchez le dégoût dans la satiété, c'est un moyen de guérison ; restez près d'elle, quand même vous croiriez pouvoir vous en éloigner ; restez jusqu'à ce que vous ayez épuisé tous les plaisirs, contracté un dégoût complet et un insurmontable désir de quitter la maison. L'amour, que nourrit la jalousie, dure longtemps ; si vous voulez le bannir, bannissez la défiance ; l'art de Machaon [7] suffirait à peine pour guérir celui qui craindrait qu'un rival ne lui enlevât sa maîtresse et n'en fît la sienne propre. Une mère aime le plus celui de ses deux fils dont l'absence l'inquiète parce qu'il porte les armes.

Il est, près de la porte Colline, un temple vénéré auquel le mont Éryx a donné son nom [8] ; là règne un dieu, l'Amour oublieux, qui guérit les coeurs malades, en plongeant sa torche ardente dans les eaux glacées du Léthé. Les amants malheureux, les jeunes filles éprises d'un objet insensible, viennent lui demander l'oubli de leurs peines ; ce dieu, était-ce bien lui en effet, ou plutôt l'illusion d'un songe ?

[7] Machaonia... ope. La médecine, du nom de Machaon, célèbre médecin, fils d'Esculape.

[8] st prope Collinam. Près de la porte Colline par laquelle on se rendait au mont Quirinal, était le temple de Vénus Érycine, ainsi nommé du mont Éryx (aujourd'hui Catafalna), en Sicile, où elle avait un temple fameux. - L'allégorie de l'oubli d'Amour, qu'Ovide représente trempant son flambeau dans une eau glacée est on ne peut plus ingénieuse.

je crois que c'était un songe ; ce dieu me parla ainsi : "O toi, qui tour à tour allumes et éteins les flammes d'un amour inquiet, Ovide, ajoute à tes conseils ceux que je t'adresse : que chacun se retrace le triste tableau de ses malheurs, et il cessera d'aimer. La Divinité nous a départi à tous plus ou moins d'infortunes. Que celui qui redoute le putéal JanusQui Puteal Janumque timet. Le Putéal était un lieu où le préteur rendait la justice ; on l'appelait ainsi d'une fosse ou d'un puits qui en était proche. Les changeurs, les courtiers et les gens d'affaires s'y réunissaient, de même que les usuriers et les marchands se rassemblaient sur la place voisine du temple de Janus, pont assigner en justice les débiteurs retardataires. Celeres Kalendas indique le retour des Calendes, trop prompt au gré des débiteurs, qui étaient obligés de payer, dans les premiers jours du mois, l'intérêt ou le capital de l'argent qu'ils avaient emprunté. Voyez Horace livre I, Sat. 3, v. 86. et les calendes toujours trop promptes à revenir, songe au remboursement des sommes qu'il a empruntées. Que celui qui a un père dur, quand il n'aurait d'ailleurs rien à désirer, ait sans cesse devant les yeux la dureté de ce père. Marié à une femme sans dot, vous vivez avec elle dans la pauvreté, dites-vous que cette femme sans dot est un obstacle à votre bonheur ; vous avez, dans une campagne fertile, une vigne féconde en vin généreux, craignez que la grappe ne soit brûlée à sa naissance. L'un soupire après le retour d'un vaisseau ; qu'il se représente les flots agités et le rivage couvert des débris de sa fortune ; que l'autre tremble pour son fils qui est sous les drapeaux, vous pour votre fille nubile ; qui de nous n'a pas mille sujets d'inquiétude ? Pour haïr ton Hélène, ô Pâris ! il fallait te représenter la mort tragique de tes frères." Le dieu parlait toujours, quand son image enfantine s'évanouit avec mon songe, si tant est que ce fût un songe.

Que ferai-je ? Palinure abandonne mon esquif au milieu des ondes, et je vogue entraîné sur des mers inconnues. Amants, qui que vous soyez, fuyez la solitude ; la solitude est dangereuse. Où fuyez-vous ? c'est dans la foule que vous serez plus en sûreté. Évitez l'isolement ; l'isolement aigrit la douleur ; cherchez un refuge au sein des réunions nombreuses, et vous y trouverez quelque soulagement ; vous serez triste si vous êtes seul : l'image de votre maîtresse délaissée viendra s'offrir à vos yeux ; il vous semblera voir votre maîtresse elle-même. Voilà pourquoi la nuit est plus triste que la clarté du jour ; la nuit pendant laquelle vous n'avez pas, pour vous distraire, l'agréable société de vos joyeux compagnons. Ne soyez pas taciturne, ne tenez pas votre porte fermée, et ne cachez point dans les ténèbres votre visage baigné de larmes ; ayez un Pylade qui soit toujours là pour consoler Oreste ; car alors les soins de l'amitié sont d'un puissant secours. N'est-ce pas la solitude des forêts qui mit le comble à la douleur de Phyllis ? La véritable cause de sa mort, c'est qu'elle était seule. Elle courait, pareille à une bacchante échevelée, dont les compagnes sauvages vont, tous les trois ans, sur les monts d'Aonie, célébrer le culte de Bacchus [9] ; tantôt elle portait, aussi loin qu'elle le pouvait, ses regards sur le vaste Océan ; tout épuisée de fatigue, elle s'asseyait sur la grève sablonneuse. "Perfide Démophoon ! " criait-elle aux flots insensibles, et ses plaintes étaient entrecoupées de sanglots. Souvent elle se rendait au bord de la mer par un étroit sentier couvert d'un épais ombrage, et l'infortunée venait de le parcourir pour la neuvième fois. "C'en est fait ! " dit-elle ; puis, pâlissante, elle regarde sa ceinture et les arbres de la forêt ; elle hésite, elle recule devant la pensée hardie qu'elle vient de concevoir ; elle tremble et porte ses mains à son cou. Plût au ciel, Phyllis, qu'alors tu n'eusses pas été seule ! la forêt attendrie ne se fût point dépouillée de son feuillage. Instruits par l'exemple de Phyllis, fuyez, amants trompés par vos maîtresses, belles trompées par vos amants, fuyez les lieux trop solitaires.

Docile aux conseils que lui donnait ma Muse, un jeune homme allait être guéri ; déjà même il touchait au port ; mais la vue contagieuse de quelques amants passionnés fut cause de sa rechute. L'Amour reprit ses flèches, qu'il n'avait fait que cacher. O vous qui voulez cesser d'aimer, évitez la contagion ; elle étend ses ravages sur vous comme sur les troupeaux. Tel qui regarde les blessures d'autrui se sent blessé lui-même : bien des maux se communiquent ainsi, d'un corps à l'autre, leurs propriétés malfaisantes. Souvent un filet d'eau, chassé du fleuve qui coule dans le voisinage, arrose un champ sec et aride ; ainsi l'Amour se glisse à notre insu dans nos coeurs, si nous ne nous éloignons pas de ceux qui aiment ; mais nous sommes tous, à cet égard, ingénieux à nous tromper. L'un était déjà guéri, et le voisinage d'un malade l'a perdu ; l'autre a senti faillir son courage à l'aspect fortuit de sa maîtresse. Mal cicatrisée, son ancienne blessure s'est rouverte, et mon art est demeuré pour lui sans effet. 625. On se préserve difficilement de l'incendie qui dévore la maison voisine ; fuyez donc prudemment les lieux que fréquente d'ordinaire votre maîtresse. N'allez pas sous ce portique où elle a coutume de venir, et n'accomplissez pas simultanément les mêmes devoirs de politesse. Pourquoi rallumer en vous la flamme qui s'assoupit. Habitez, s'il est possible, un autre hémisphère. Il est difficile, devant une table servie, de commander à son appétit ; et le cristal d'une eau jaillissante redouble l'ardeur de notre soif. A la vue de la génisse, le taureau est difficile à contenir, et le coursier vigoureux hennit toujours à l'approche de sa cavale.

Lorsque vous aurez fait assez de progrès pour toucher enfin au rivage, non seulement je veux que vous abandonniez votre maîtresse, mais j'exige encore que vous

---

[9]Edono trieterica Baccho. Il s'agit ici des sacrifices que l'on faisait à Bacchus tous les trois ans, en mémoire de son expédition dans les Indes. L'épithète d'Edono vient du nom d'Édon, montagne de la Thrace, où le dieu était particulièrement honoré.

donniez congé à la mère, à la soeur, à la nourrice sa confidente et à toutes les personnes qui l'entourent. Craignez qu'un esclave ou une soubrette, les yeux mouillés de larmes feintes, ne viennent vous trouver de sa part, pour vous souhaiter le bon jour ; et n'allez pas demander, quand même vous voudriez le savoir, comment elle se porte. Sachez vous contenir, et vous serez récompensé de votre discrétion. Et vous qui expliquez les motifs de votre rupture et dévoilez les nombreux griefs que vous avez contre votre maîtresse, soyez sobre de plaintes ; mieux vaut alors le silence ; vous vous vengerez mieux ainsi, et arriverez au point de la quitter sans le moindre regret.

N'est-il pas plus sage de se taire que de répéter sans cesse que vous n'aimez plus ? Celui qui dit à tout le monde : "Je n'aime plus," aime encore. C'est par degrés, et non pas tout à coup, qu'on parvient réellement à éteindre sa flamme. Dépêchez-vous lentement, et vous serez sauvé. Un torrent est plus impétueux que le cours uniforme d'un fleuve ; mais l'un a peu de durée, et l'autre coule toujours. Que votre amour disparaisse à votre insu, qu'il s'évanouisse comme une vapeur subtile, et meure insensiblement. Ce serait presqu'un crime de haïr aujourd'hui la femme qu'on aimait hier ; un changement si brusque ne convient qu'à des âmes féroces ; il suffit que vous la négligiez.

L'amant chez qui la haine remplace l'amour aime encore, ou s'afflige de la fin de ses maux. Il est honteux de voir deux amants, naguère tendrement unis, devenir tout à coup des ennemis implacables. Vénus elle-même désapprouve de telles querelles [10]. Souvent on accuse sa maîtresse, et on l'aime encore. Là où les récriminations se taisent, l'amour s'éloigne spontanément. Le hasard voulut un jour que je servisse de témoin à un jeune homme : sa maîtresse était près de là, dans sa litière ; il éclatait contre elle en reproches sanglants, en paroles menaçantes, au moment où il allait l'assigner. "Oh ! qu'elle sorte de sa litière, dit-il" elle sort, et il reste muet devant elle ; les bras lui tombent, les tablettes s'échappent de ses mains ; et, se jetant au cou de son amie : "Tu l?emportes, " s'écrie-t-il. Il est plus convenable, plus décent, de se séparer paisiblement, que de passer de la chambre à coucher aux querelles du barreau. Laissez-la garder sans conteste les présents que vous lui aurez faits ; un léger sacrifice nous épargne souvent des pertes plus sérieuses.

Si le hasard vous réunit l'un et l'autre dans le même lieu, n'oubliez pas de faire usage des armes que je vous ai fournies : c'est maintenant que vous en avez be-

---

[10]Appias. C'est la Vénus Genitrix qui avait un temple dans le forum de J. César, et surnommé Appias, parce que la fontaine Appias était située près de ce forum.

soin ; combattez donc vaillamment. Penthésilée [11] doit tomber sous vos coups. Songez à votre rival, songez à cette porte inflexible à votre amour, à ces faux serments dont l?infidèle prit les dieux à témoin. Ne prenez aucun soin de vos cheveux, parce que vous allez la voir ; ne disposez point avec art, sur votre poitrine, les plis onduleux de votre robe ; ne vous inquiétez pas tant de plaire à une femme qui désormais vous est étrangère, et, qu'à vos yeux, rien ne la distingue plus du commun des femmes.

Je vais signaler maintenant le plus grand obstacle au succès de nos efforts : que chacun là-dessus consulte sa propre expérience. Nous cessons trop tard d'aimer, parce que nous espérons toujours d'être encore aimés. Race crédule que nous sommes ! chacun de nous sacrifie à sa vanité. N'ajoutez donc plus foi aux belles paroles : elles sont si trompeuses, et, parmi les dieux eux-mêmes, elles ont si peu de valeur ! -Prenez garde aussi d'être sensibles aux larmes ; pleurer est un art auquel s'exercent les belles. Le coeur des amants est en butte à mille artifices, comme le galet du rivage, ballotté en tous sens par les flots de la mer. Ne lui dites point pourquoi vous préférez une rupture ; ne découvrez point vos motifs de plaintes ; gardez-les pour vous seul. Ne parlez point de ses torts à votre maîtresse, elle se disculperait ; aidez, au contraire, à ce que sa cause paraisse meilleure que la vôtre. Celui qui se tait fait preuve de courage ; celui qui accable sa maîtresse de reproches ne demande qu'à l'entendre se justifier. 699. Je ne prétends point, comme le roi d'Ithaque, plonger dans un fleuve les flèches acérées de l'Amour et son flambeau brûlant. Je ne couperai point ses ailes purpurines si et mes préceptes ne feront point détendre les cordes de son arc. Mes chants sont de simples conseils ; amants, suivez-les ; et toi, Phébus, continue, comme tu l'as fait jusqu'ici, à seconder mon entreprise. Mais je suis exaucé ; j'entends la lyre de Phébus, j'entends le bruit de son carquois ; à ces insignes, je reconnais le dieu : voici Phébus !
...

Comparez à la pourpre de Tyr une laine teinte à Amyclée [12] ; celle-ci vous paraîtra bien plus grossière ; comparez aussi votre maîtresse aux plus belles femmes, et vous rougirez bientôt de votre aveugle préférence. Junon et Pallas pouvaient toutes deux sembler belles à Pâris mais, comparées à Vénus, l'une et l'autre furent vaincues. Poussez le parallèle plus loin que les figures ; appliquez-le aussi au caractère, aux talents ; mais que l'amour, surtout, ne fausse pas votre jugement.

[11]Penthesilea. Le poète compare ici la jeune fille aimée de quelqu'un, et contre laquelle il faut combattre, à Penthésilée, reine des Amazones.
[12] Amyclaeis... ahenis. Amyclée était une ville du Péloponèse, située près de l'Eurotas, où l'on teignait la laine en couleur de pourpre. Mais cette couleur, si célèbre que fût sa beauté, ne pouvait cependant soutenir la comparaison avec la pourpre de Tyr.

Écoutez encore cet avis de moindre importance ; si futile qu'il soit, bien des gens se sont applaudis de l'avoir suivi, et moi tout le premier. Gardez-vous de relire les anciennes lettres de votre maîtresse ; cette lecture dangereuse ébranle le caractère le plus ferme. Jetez-les impitoyablement au feu, quoi qu'il vous en coûte, et dites : " Que mon amour trouve là son bûcher."

La fille de Thestius brûla son fils, en livrant aux flammes le tison fatal ; et vous hésiteriez à brûler ces perfides écrits ! Si vous pouvez encore, éloignez de vos yeux le portrait de l'infidèle, pourquoi resteriez-vous enchaîné devant cette image muette ? Cette imprudence a perdu jadis Laodamie. Il est des lieux dont l'aspect vous serait nuisible. Fuyez ceux qui furent les témoins de vos plaisirs ; ils ne feraient qu'aigrir votre douleur. "C'est ici qu'elle était ; c'est là que je la vis couchée et que je dormis dans ses bras ; c'est là que, dans une nuit voluptueuse, elle mit le comble aux ravissements de mes sens." L'Amour se réveille ; la blessure se rouvre, prête à saigner encore : la moindre imprudence est fatale aux convalescents. Comme un feu presque éteint, mis en contact avec le soufre, revit, et d'abord, flamme légère, devient ensuite un incendie : de même, si vous n'évitez pas tout ce qui pourrait réveiller votre amour, sa flamme, que vous croyez assoupie, se rallumera plus impétueuse. La flotte grecque eût bien voulu fuir le promontoire de Capharée, et le fanal trompeur que tu allumas, ô vieillard ! pour venger la mort de ton fils Teque, Senex, luctus ignibus te ulte tuos. [13] Niseide. Scylla, fille de Nisus. Voyez Métam., VII.. Vous, amants, détournez-vous des lieux qui vous furent trop chers. Qu'ils soient pour vous les Syrtes : évitez ces rochers Acrocérauniens Syrtes... Acroceraunia. Les Syrtes sont deux golfes sur la côte d'Afrique, de profondeur inégale, mais également dangereux. Ils sont appelée ainsi du mol grec surô j'entraîne, parce que les vagues semblent y en traîner les vaisseaux. - Les monts Acrocérauniens sont ainsi nommés de deux mois grecs, akron, sommet, et keraunos foudre, parce qu'à cause de leur hauteur ils, sont souvent frappés de la foudre. Ils sont situés en Epire, sur le bord de la mec Adriatique., et le gouffre de l'affreuse Charybde, qui revomit sans cesse les flots qu'elle vient d'engloutirCharybdis. Gouffre très dangereux situé à l'entrée du détroit de Messine, qui engloutissait et revomissait les vaisseaux qui s'y étaient laissé entraîner. Son nom lui vient de Charybde, femme gloutonne qui, pour avoir dérobé les boeufs d'Hercule, fut foudroyée par Jupiter et précipitée dans la mer, où elle conserve encore son ancien naturel.. Il est encore d'autres re-

---

[13] Argolides cuperent fugisse Capharea puppes ; Teque, Senex, luctus ignibus te ulte tuos.Les roches Capharées étaient situées sur le bord d'un promontoire de l'île dEubée (aujourd'hui Négrepont), du côté de la mer, où elles présentaient un écueil très dangereux. C'est là que Nauplius, père de Palamède, allumait toutes les nuits un phare, afin d'attirer les vaisseaux des Grecs qu'il voulait faire périr pour venger la mort de son fils, dont ils étaient la cause. Voyez Virgile, Énéid., liv. XI, v. 260 ; et Prop., liv. III, élég. 7, v. 39. ! Le prudent nautonier se réjouit d'avoir passé le détroit de Scylla

mèdes dont l'emploi est difficile à prescrire, mais qui, dus au hasard, peuvent être cependant très efficaces. Que Phèdre devienne pauvre, et les jours de ton petit-fils, ô Neptune ! seront épargnés, et tu arrêteras le monstre qui épouvanta les coursiers d'Hippolyte. Réduite à la misère, Pasiphaé ne connaîtra que des amours légitimes. Les richesses sont l'aliment de la passion luxurieuse. Pourquoi Hécalé n'eut-elle pas d'amant, et Irus de maîtresse Hecalen... Iron. Hécalé fut une pauvre vieille femme qui donna l'hospitalité à Thésée. Irus est le mendiant qui, à l'instigation de Pénélope se battit contre Ulysse avant que ce prince se fût fait reconnaître. Odyssée et Héroide I, v. 95. ? La première était pauvre ; le second portait la besace. La pauvreté n'a pas de quoi nourrir l'amour : ce n'est pas cependant un motif pour la désirer. Mais, ce qui vous importe du moins, c'est de ne pas vous donner le plaisir de fréquenter les théâtres, jusqu'à ce que votre coeur soit complètement rendu à la liberté. Là, les sons de la lyre, de la flûte et de la cithare, une voix harmonieuse, la danse aux mouvements cadencés, énervent l ?âme ; là, vous voyez chaque jour des amants fictifs paraître sur la scène, et un acteur habile vous rappeler avec art les plaisirs que vous fuyez et ceux qui vous enchantent. Je le dis à regret, ne touchez pas aux poètes érotiques. Père dénaturé, je lance l'anathème contre mes propres enfants. Fuyez Callimaque, il n'est point ennemi de l'amour ; et toi, poète de Cos, tu n'es pas moins dangereux que Callimaque. Sapho m'a rendu plus tendre pour mon amie, et la muse du vieillard de Téos ne m'a pas donné des moeurs bien sévèresCynthia. Cette Cynthie fut la maîtresse de Properce.. Qui peut lire impunément tes vers, ô Tibulle ? ou les tiens, chantre aimable, que ta Cynthie seule inspira ? Qui peut lire Gallus et rester insensible ? Ma Muse elle-même n'a-t-elle pas je ne sais quels accords, dont la douceur vous pénètre ?

Si le dieu qui me dicte mes vers, si Apollon, ne m'abuse point, un rival est la principale cause de notre martyre. Figurez-vous donc que vous n'avez point de rival ; et croyez fermement que votre maîtresse repose seule dans son lit. Oreste n'aima si violemment Hermione, que parce qu'elle appartenait déjà à un autre. Pourquoi te plaindre, Ménélas ? Tu, vas en Crète sans ton épouse ; et tu as le courage de rester longtemps éloigné d'elle ? Mais Pâris l'enlève, et, seulement alors, tu ne peux plus vivre sans elle ? L'amour d'un autre a stimulé le tien. Ce qu'Achille déplore le plus en perdant Briséis, c'est de la voir passer dans les bras du fils de Plisthène [14] ; et, croyez-moi, il ne pleurait pas sans motif. Agamemnon fit ce qu'il ne pouvait manquer de faire, à moins de tomber dans une honteuse impuissance : j'en aurais fait tout autant, car je ne suis pas plus sage que lui. Ce fut le plus grand motif de haine entre ces deux guerriers. Car, lorsqu'Agamemnon jure par

---

[14]Plisthenio. Agamemnon, fils de Plisthène, qui le recommanda en mourant à son frère Atrée, ainsi que Ménélas, son autre fils. Atrée les éleva tous deux comme ses propres enfants. C'est de là que ces deux princes furent appelés Atrides.

son sceptre qu'il a respecté Briséis, c'est qu'il ne regarde pas son sceptre comme un dieu.

Puissiez-vous encore passer devant le seuil de votre maîtresse, après l'avoir abandonnée, sans vous arrêter et sans que vos pieds donnent un démenti à votre résolution ; et vous le pourrez si vous le voulez fermement, Mais il faut le vouloir ainsi ; il faut avancer courageusement et enfoncer l'éperon dans les flancs de votre coursier. Figurez-vous que sa demeure est le séjour des Lothophages, et l'antre des Syrènes [15] : Faites force de rames et mettez toutes les voiles au vent. Cessez, je vous le conseille encore, de traiter en ennemi le rival qui vous cause des chagrins si vifs. Saluez-le du moins, quoique vous le haïssiez toujours ; mais si vous pouvez l'embrasser vous êtes sauvé.

Maintenant, pour remplir envers vous toutes les obligations d'un bon médecin, je vais vous indiquer les mets que vous devez prendre, et ceux dont vous devez vous abstenir. Toute plante bulbeuse, qu'elle vienne de la Daunie [16], ou des rivages d'Afrique, ou de Mégare, est également nuisible. Abstenez-vous sagement de la roquette stimulante, et de tout ce qui nous porte aux plaisirs de l'amour. Vous emploierez avec avantage la rue qui donne aux yeux de l'éclat et qui éteint en nous le feu des désirs. Vous me demandez ce que je vous prescris à l'égard du vin ? Je vais vous satisfaire plus promptement que vous ne l'espérez. Le vin dispose à l'amour, à moins qu'on ne le boive sans modération, car alors il anéantit les facultés de l'esprit.

Le vent alimente le feu, il peut aussi l'éteindre. Léger, il entretient la flamme ; trop violent, il l'étouffe. Point d'ivresse donc, ou bien qu'elle soit assez complète pour vous faire oublier tous vos succès. Dans un cas pareil, un milieu raisonnable vous serait nuisible.

Je suis au bout de ma carrière ; ornez de guirlandes de fleurs ma nef fatiguée. Je touche enfin le port où je voulais aborder. Amants et maîtresses que ma muse a guéris, un jour, vous rendrez à votre poète de pieuses actions de grâces.

---

[15] Lotophagos... sirenas. Les Lotophages étaient un peuple qui habitait les îles de Zerbi, sur la côte d'Afrique. Ils étaient ainsi nommés parce qu'ils faisaient leur nourriture des fruits d'un arbre appelé Lotos. Au reste, on ne trouve dans ces îles, dont l'une est appelée Meninx ou Lotophagitis par Strabon, ni fruits ni arbre, ni verdure. Homère raconte, dans l'Odyssée, que les compagnons d'Ulysse, ayant goûté des fruits du Lotos les trouvèrent si délicieux qu'ils leur firent oublier leur patrie. - Pour les sirènes, voyez Art d'aimer, livre III, v. 314.

[16] Daunius. La Daunie apulienne était une province de l'Italie, d'où l'on tirait beaucoup de plantes bulbeuses, ainsi que de Mégare, ville de l'Attique, et des rivages de l'Afrique.